Horario d Mantenimi nto 5S

Fecha de Inicio: _____   Area de Trabajo:_____

Persona Responsable	Lugar Específico	Frecuencia de Actividad	Actividad a Desarrollar

T0111885

www.enna.com

Horario de Mantenimiento 5S

Fecha de Inicio: _____   Area de Trabajo:_____

Persona Responsable	Lugar Específico	Frecuencia de Actividad	Actividad a Desarrollar

Horario de Mantenimiento 5S

Fecha de Inicio: _____   Area de Trabajo:_____

Persona Responsable	Lugar Específico	Frecuencia de Actividad	Actividad a Desarrollar

Horario de Mantenimiento 5S

Fecha de Inicio: _____

Area de Trabajo:_____

Persona Responsable	Lugar Específico	Frecuencia de Actividad	Actividad a Desarrollar

Horario de Mantenimiento 5S

Fecha de Inicio: _____   Area de Trabajo:_____

Persona Responsable	Lugar Específico	Frecuencia de Actividad	Actividad a Desarrollar

Horario de Mantenimiento 5S

Fecha de Inicio: _____   Area de Trabajo:_____

Persona Responsable	Lugar Específico	Frecuencia de Actividad	Actividad a Desarrollar

Horario de Mantenimiento 5S

Fecha de Inicio: _____   Area de Trabajo:_____

Persona Responsable	Lugar Específico	Frecuencia de Actividad	Actividad a Desarrollar

Horario de Mantenimiento 5S

Fecha de Inicio: _____   Area de Trabajo:_____

Persona Responsable	Lugar Específico	Frecuencia de Actividad	Actividad a Desarrollar

www.enna.com

Horario de Mantenimiento 5S

Fecha de Inicio: _____   Area de Trabajo:_____

Persona Responsable	Lugar Específico	Frecuencia de Actividad	Actividad a Desarrollar

Horario de Mantenimiento 5S

Fecha de Inicio: _____

Area de Trabajo: _____

Persona Responsable	Lugar Específico	Frecuencia de Actividad	Actividad a Desarrollar

www.enna.com

Horario de M ntenimiento 5S

Fecha de Inicio: _____   Area de Trabajo:_____

Persona Responsable	Lugar Específico	Frecuencia de Actividad	Actividad a Desarrollar

Horario de Mantenimiento 5S

Fecha de Inicio: _____   Area de Trabajo:_____

Persona Responsable	Lugar Específico	Frecuencia de Actividad	Actividad a Desarrollar

Horario de M ntenimiento 5S

Fecha de Inicio: _____

Area de Trabajo:_____ _____

Persona Responsable	Lugar Específico	Frecuencia de Actividad	Actividad a Desarrollar

Hor rio de M nt nimiento 5S

Fecha de Inicio: _____   Area de Trabajo:_____ _____

Persona Responsable	Lugar Específico	Frecuencia de Actividad	Actividad a Desarrollar

www.enna.com

Horario de Mantenimiento 5S

Fecha de Inicio: _____   Area de Trabajo:_____

Persona Responsable	Lugar Específico	Frecuencia de Actividad	Actividad a Desarrollar

www.enna.com

Horario de M ntenimiento 5S

Fecha de Inicio: _____   Area de Trabajo:_____ _____

Persona Responsable	Lugar Específico	Frecuencia de Actividad	Actividad a Desarrollar

Horario de Mantenimiento 5S

Fecha de Inicio: _____

Area de Trabajo:_____ _____

Persona Responsable	Lugar Específico	Frecuencia de Actividad	Actividad a Desarrollar

Horario d Mant nimi nto 5S

Fecha de Inicio: _____ Area de Trabajo:_____

Persona Responsable	Lugar Específico	Frecuencia de Actividad	Actividad a Desarrollar

Horario de Mantenimiento 5S

Fecha de Inicio: _____   Área de Trabajo:_____ _____

Persona Responsable	Lugar Específico	Frecuencia de Actividad	Actividad a Desarrollar

Horario de Mantenimiento 5S

Fecha de Inicio: _____   Area de Trabajo: _____

Persona Responsable	Lugar Específico	Frecuencia de Actividad	Actividad a Desarrollar

www.enna.com

Horario de Mantenimiento 5S

Fecha de Inicio: _____   Area de Trabajo:_____

Persona Responsable	Lugar Específico	Frecuencia de Actividad	Actividad a Desarrollar

Horario de Mantenimiento 5S

Fecha de Inicio: _____   Area de Trabajo: _____

Persona Responsable	Lugar Específico	Frecuencia de Actividad	Actividad a Desarrollar

Horario de Mantenimiento 5S

Fecha de Inicio: _____   Area de Trabajo:_____

Persona Responsable	Lugar Específico	Frecuencia de Actividad	Actividad a Desarrollar

Horario de Mantenimiento 5S

Fecha de Inicio: _____   Area de Trabajo: _____

Persona Responsable	Lugar Específico	Frecuencia de Actividad	Actividad a Desarrollar

Horario de Mant nimiento 5S

Fecha de Inicio: _____   Area de Trabajo:_____

Persona Responsable	Lugar Específico	Frecuencia de Actividad	Actividad a Desarrollar